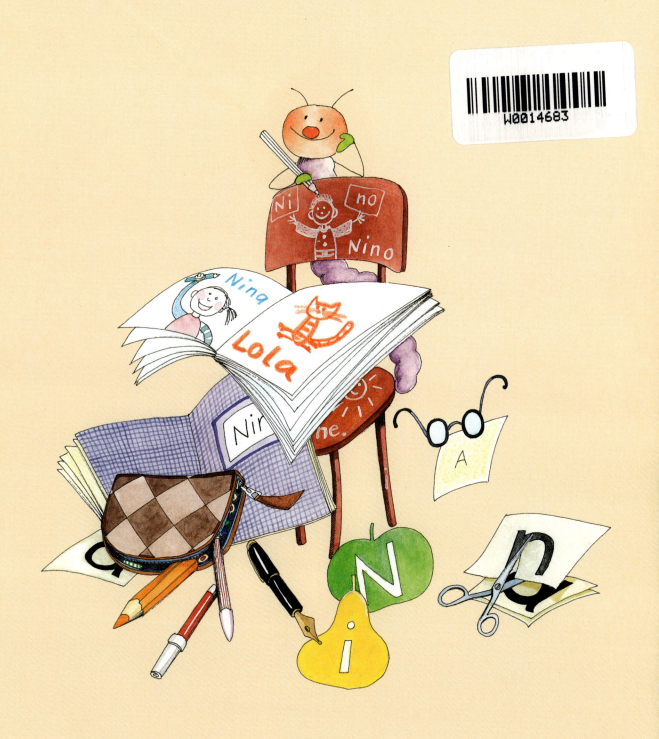

Eigentum der Zinzendorfschule Gnadau

Meine Fibel

Lesen- und Schreibenlernen
auf analytisch-synthetischer Grundlage

Ausgearbeitet von
Dorothea Czarnetzki
Peter Heitmann
Hannelore Rothe
Peter Sonnenburg
Martina Weißenburg
Marion Wundke

Die Bilder zeichnete
Barbara Schumann

Ernst Klett Grundschulverlag
Leipzig   Stuttgart   Düsseldorf

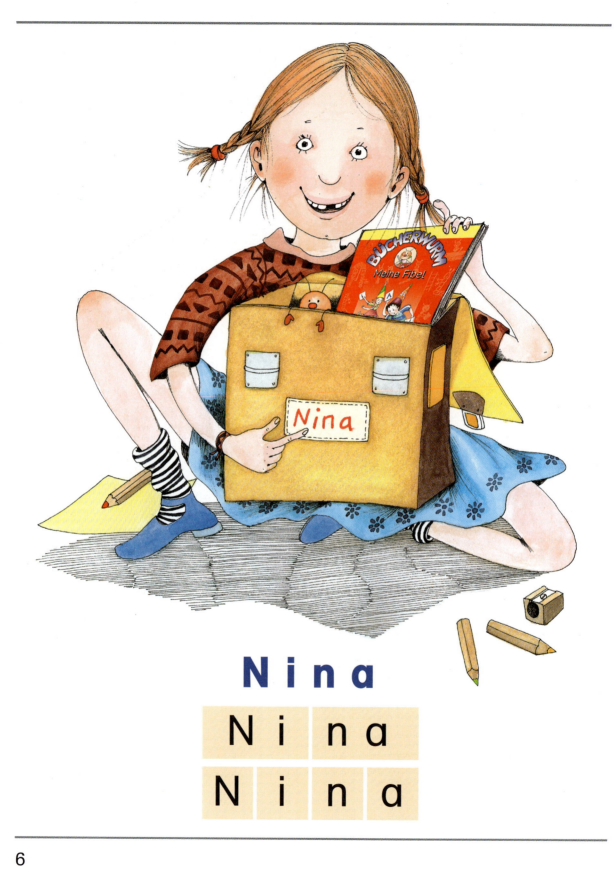

Nina

N	i	n	a

N	i	n	a

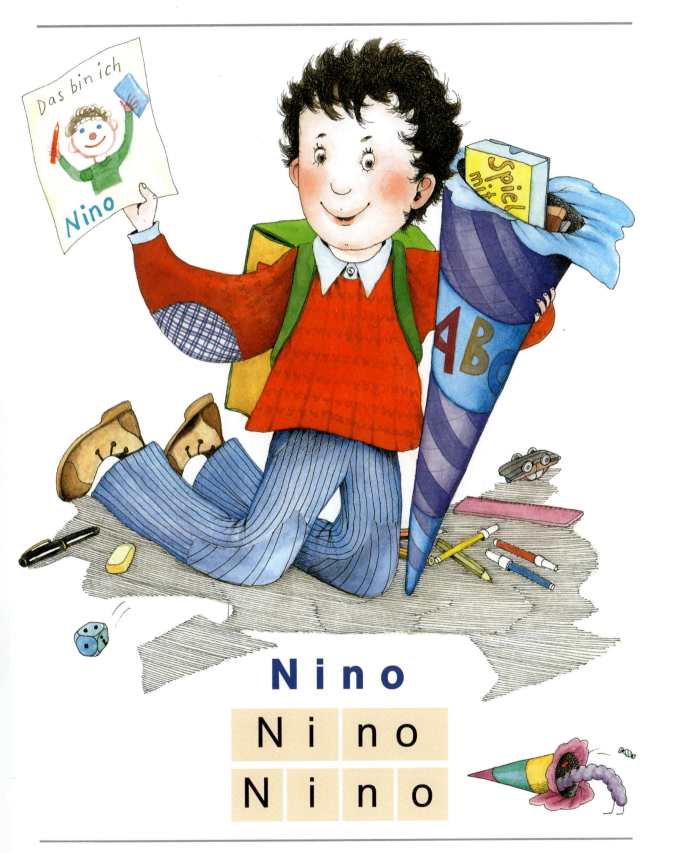

Nina Nino

Ni	na		Ni	no
N	i	n	a		N	i	n	o

a   o

8

Mama

M	a	m	a
M	a	m	a
M		m	

Nina ruft Mama.
Nino ruft Mami.

Aha-Seite

12

Aha-Seite

Lesekreis

Nino ruft. Nina ruft.

Unsere Tüten sind ganz, ganz leer!!
Aber man kann noch ganz, ganz viel daraus machen....!

Nino Nina

ABC,
ob Sonne oder Schnee,
zur Schule geh ich gern,
ich möchte vieles lern'.
Das Lernen fällt nicht schwer,
das Stillesitzen sehr.

Werner Lindemann

Nina Nino

14

Lesekreis

Deine ABC-Tüte

In deiner ABC-Tüte
sind viele schöne Sachen.
Die sieht jeder.

Darin sind auch Bilder.
Die siehst nur du.

Setze dir einfach
die leere ABC-Tüte
auf den Kopf.
Schließe die Augen.

Nun ist deine ABC-Tüte
ein Zauberhut.
Sie zaubert Bilder,
wundersame Bilder.

Bilder zum Erzählen,
Schreiben und Malen!

Peter Heitmann

15

Moni

Mama ruft Nina.
Nina ist am .
Moni ist im .
Moni ruft Mama.

Lola

Lola ist im . Lola ist am .

Lola ist im . Nina ruft : Lola !

L o l a

Lo	la
Lo	l	a
L		l

Lo — la   Mo — ni
Lo — ni   Lo — ni

17

Oma ruft an

Oma ruft Nina an.
Nina ruft Mama an.
Mama ruft Oma an.

Moni ruft : Mama !

O m a

O m a

O m a

O

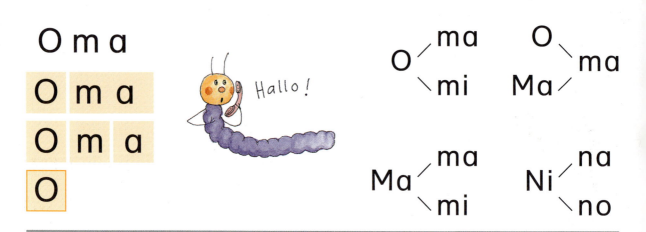

Tim

Tim malt.
Tim malt Tom.

Tim malt Tom an.
Tim malt Tom lila an.
Tom ist Oma.

Tim malt
T   t

Tim
Tom

19

Ina ist

Nina ist 6.

Ina ist 7.

Ist Ina alt?

Mama ist 27.

Ist Mama alt?

I n a

| I | n | a |

| I | n | a |

| I |

Oma Lilo ist 57.

Ist Oma alt?

Oma   Mama   Ina
Omi   Mami   Nina

Mal Nina,
mal Nino!

Mal Tim,
mal Tom!

Mal Omi Lilo, mal Ina!

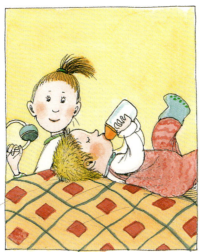

Mal Nina,
mal Moni!

Mal Anton, mal Antonia!

Anton
Antonia
A

Aha-Seite

N i n o
T i m
A n t o n
M a m a

im   in Mimi
im   in Tim
am   in Mama
am   in Oma?

24

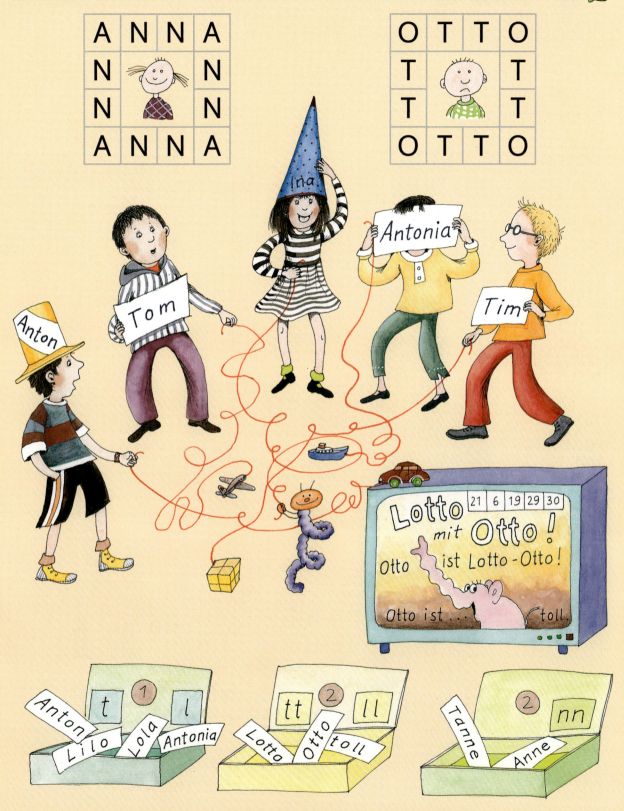

Aha-Seite

25

Lesekreis

Nina malt L.
Tina malt i.
Tim malt l.
Tom malt o.

Alle lesen Lilo.

Ina liest im .

Anton liest im  .

Alle lesen, lesen, lesen.

Mama   Oma   Otto   Tilo

Moni   Kann Moni lesen?

Lesekreis

Wie der Tiger lesen lernte

Einmal sagte der kleine Tiger
zum kleinen Bär:
„Rate einmal, wohin ich gehe!"
„Du gehst in die Schule",
rief der kleine Bär.
„Was tue ich in der Schule?",
fragte der kleine Tiger.
„Weiß nicht", brummte der kleine Bär.
„Ich lerne lesen", rief der kleine Tiger.
„Weil ich dann deine Zettel lesen kann,
dann weiß ich deine Geheimnisse,
du kleiner Hallodri."

Janosch
„Wie der Tiger
lesen lernte"

1, 2, 3 – Salto

Simson ist am Ast.
Samson ist am Mast.
Samson ruft:
Na los, Simson!
1, 2, 3 – Salto!

Samson
Simson
S s

Simsons Salami

Samson nimmt Simsons Salami.
So, so!

Simson nimmt Salat.
So ist Simson.

Simson ist matt.
Samson ist satt.

Simson	matt	Ast	Salat
Samson	satt	Mast	Salami

29

Alle malen

Anton malt lila Esel.
Antonia malt Enten im See.
Nino malt Mama mit Lola.

Nina malt Lola so:

Ene mene mesel,
malen alle Esel?

Esel
E e

malen
Esel

Gans Emma

Gans Emma mag Salat.
Alle Tage mag
Gans Emma Salat.

Emma sagt:
„Gi, ga, gag,
mag Salat,
mag Salat,
alle Tag,
gi, ga, gag!"

Gans   sagen   Tag
G   g   g

Halt!

Hanna ruft:
„Anton, anhalten!
Hallo, Anton!
Halt an!
Los, halt an!"

Hanna holt Oma.

Hanna   holen
H   h

Hanna ruft:
„Omi Helga! Omi Helga!"

Oma Helga soll helfen.
Oma Helga sagt:
„Also, Anton ..."

Hilft Oma?
Oma Helga hilft Anton.

Omas Foto:

Foto   helfen
F   f

33

Alle Tage

Am Morgen
Ronni geht los.
Er ruft: „Hallo, Maria!"

Marias Mama sagt:
„Maria ist fort.
Ronni, renne, renne!"

Am Mittag
Maria geht
mit Ronni essen.
Ronni holt Teller.
Maria nimmt Salat.

Ronni   rennen
R   r

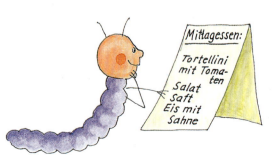

16 Uhr

Ronni ist mit Mutti im Hof.
Er hilft Mutti.

Maria ist im Tor.

20 Uhr

Mutti ruft:
„Ronni, nun ist Ruhe!"

Maria sagt:
„Uhr, halt an!"

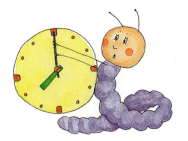

Uhr   Mutti
U   u

Aha-Seite

Was mag Gans Emma?

Gans Emma mag gutes Futter.

Elefant Egon geht im Gehege hin und her.
Er trifft Nashorn Nele.

„Guten Tag", sagt Egon.
„Geht es dir gut?"

Aha-Seite

Immer 2
Namen raten

Lesekreis

Im Garten

Anton ist im Garten.
Nuff, nuff, nuff!
„Mutti, Mutti, Igel!",
ruft Anton.
Mutti legt 🍐🍐🍐 ins Gras.
„Igel fressen 🍐🍐🍐", sagt Mutti.

Wenn sich die Igel küssen,
dann müssen, müssen, müssen
sie ganz, ganz fein
behutsam sein.

Johannes Kuhnen

Lesekreis

Der Dackel Punkt

Punkt ist ein Dackelkind,
er gehört Georg.

Im Garten tapst Punkt
auf eine Wespe.
Die sticht in seine Pfote.
Der Dackel jault.
Ein wenig humpelt er auch.

Nun sind alle um ihn besorgt.
Georg kühlt die kranke Pfote.
Die Mutter schenkt ihm
einen Hundekuchen.
Und die Großmutter redet
tröstend auf ihn ein.

Seitdem humpelt Punkt
hin und wieder,
auch wenn ihn
keine Wespe gestochen hat.

Peter Abraham
„Der Dackel Punkt"

Fiffi und Dora

Fiffi und Dora sind Affen.

Das ist Fiffi:

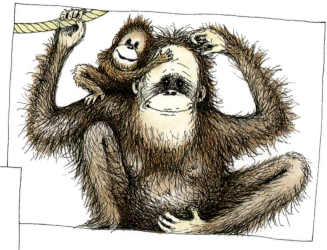

Und das ist Dora,
Fiffis Mutter.
Dora hat Fiffi im Arm.

Fiffi nimmt Doras Hand
in den Mund.

Dora   das   Hand
D   d   d

Das ist Tilo:

Und das ist Tilos Limonade.

Da hat Fiffi Durst.
Fiffi nimmt Tilos Limonade,
und fort ist er!

Tilo sagt: „He, du …"
Fiffi ruft: „Uh, uh, uh!"
Fiffis Mund ist rund.

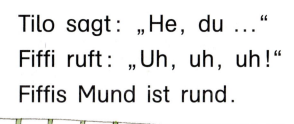

und	du
Mund	da
rund	das

Wohnen

Wo wohnt das W?
　　　Im Wasser,
　　　im Wald
　　und im Wind …

Und wo wohnt das w?
Das w wohnt in wo und in wohnen.

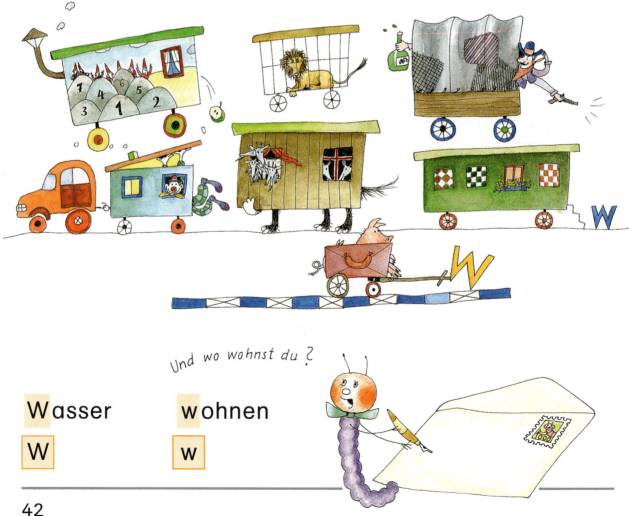

Und wo wohnst du?

Wasser　　wohnen
W　　　　w

In der Nacht

Ich werde wach.
Ich horche:
Der Wind!

Was sehe ich an der Wand?
Sind das Monster?
Sind das Drachen?

Ach, was soll ich machen?
Mutti rufen oder nicht?
Ich mache Licht.

Was war das nur?

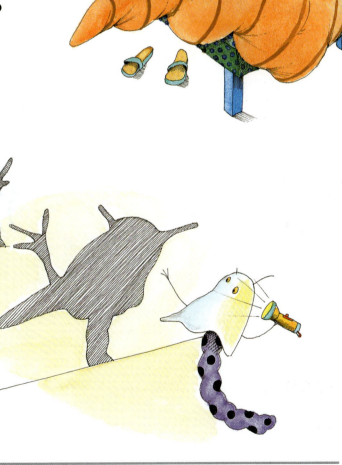

Na ch t   i ch
   ch   ch

Rund um das Auto

Auto **ohne** Motor

In das Auto
Mann und Maus.

Mit dem Auto
fahren wir aus.

Halt mal, Auto!
Alle raus!

Ohne Motor?
Fahrt ist aus.

Auto   Maus
Au   au

Autos **mit** Motor

Autos rasen hin und her.

Autos sind auch laut.

Oft wissen wir nicht
wohin damit.

Und was machen Autos
mit unserer Luft?

Ich frage dich,
warum sind Autos da?

Unser Fest

Kommt mal her!
Macht alle mit!
Frau Hauser macht auch mit.

Was ist in der Kiste?
Wer kann Musik machen?

Tom malt Tim als Monster an.
„Monster, hast du Durst?"
Da ruft das Monster:
„Hu, hu, Limonade will ich!"

An unsere Eltern
Kommt Ihr am <u>Montag</u>?
Da ist unser Fest.
Und das wollen wir machen:
• lesen,
• kneten,
• malen,
• Mode mit Musik
und, und, und ...

Wo? Klassenraum
Wann? 10 Uhr

Klasse   Musik
K   k

46

Kati fehlt

Kati ist krank.
Wir denken an Kati.

*Guten Tag Kati,
du fehlst uns sehr.
Was hast du?
Wann wirst du gesund?*

*In der Kiste ist Kalter Hund.
Rate, was das ist?
Es ist Kuchen
aus Kakao und Keksen.
Darfst du ihn essen?*

*Alles Gute!
Klasse 1a und Frau Hauser*

TIM   Anton   Ina   Antonia
   NINA   Nino   Tom

Klasse 1a

An
Kati Kummer
Kinderkrankenhaus
Kuchengasse
12345 Gesundhausen

kra**nk**

nk

47

Aha-Seite

Wir sagen „Guten Tag"

Was ist links?

 der Hund oder der Herr

der Kater oder die Maus

das Glas oder die Tasse

die Gabel oder das Messer

Aha-Seite

Mit Bus und Bahn

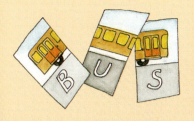

Nina und Nino wollen ins Kino.
Das Kino ist in der Ahornallee.
Nina und Nino wohnen im Torweg.
Wie fahren sie?

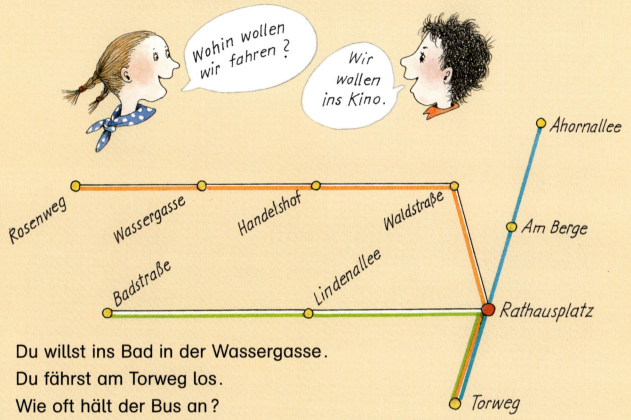

Du willst ins Bad in der Wassergasse.
Du fährst am Torweg los.
Wie oft hält der Bus an?

Wohin willst du noch fahren?

49

Lesekreis

Angst und Mut

Wer hat da Angst?
Wer hat da Wut?
Wer hat da Furcht?
Wer hat da Mut?
Und wem geht's gut?

Tom hat ein Buch gelesen, ein Buch mit einem Hasen.
Das war ein richtiger Angsthase.

Alle Hasen lachten ihn aus.
Nur der kleine Ulli
mochte ihn.

Einmal kam
der Hasenfeind
ins Dorf, der .

Alle Hasen rannten weg.
Der Angsthase rannte auch.
Ulli konnte nicht so rennen.

Da wollte der Ulli fressen.
Doch der Angsthase fand eine List
und half Ulli.

Elizabeth Shaw
„Der kleine Angsthase"

50

Lesekreis

Anna und die Wut

Es war einmal eine kleine Anna,
die hatte ein großes Problem.

Sie wurde unheimlich schnell
und schrecklich oft wütend.
Viel schneller und viel öfter
als alle anderen Kinder.
Und immer war ihre Wut gleich

riesengroß.

Wenn die riesengroße Wut über Anna herfiel,
färbten sich ihre Wangen knallrot,
ihre seidigen Haare wurden zu Igelstacheln,
die knisterten und Funken sprühten,
und ihre hellgrauen Augen
glitzerten dann rabenschwarz.

Die wütende Anna musste kreischen,
fluchen und heulen, mit dem Fuß aufstampfen
und mit den Fäusten trommeln.
Sie musste beißen und spucken und treten.
Manchmal musste sie sich auch
auf den Boden werfen
und um sich schlagen.

Christine Nöstlinger
„Anna und die Wut"

Bananen, Rosinen und Melonen

Banine
und Banene
und Banane
und Banone

Zitrine
Zitrene
Zitrane
Zitrone

Rosine
und Rosene
und Rosane
und Rosone

Meline
und Melene
und Melane
und Melone

Jürgen Spohn

Bananen-Milch

Das braucht man:

Und so wird es gemacht:

Banane   brauchen
B   b

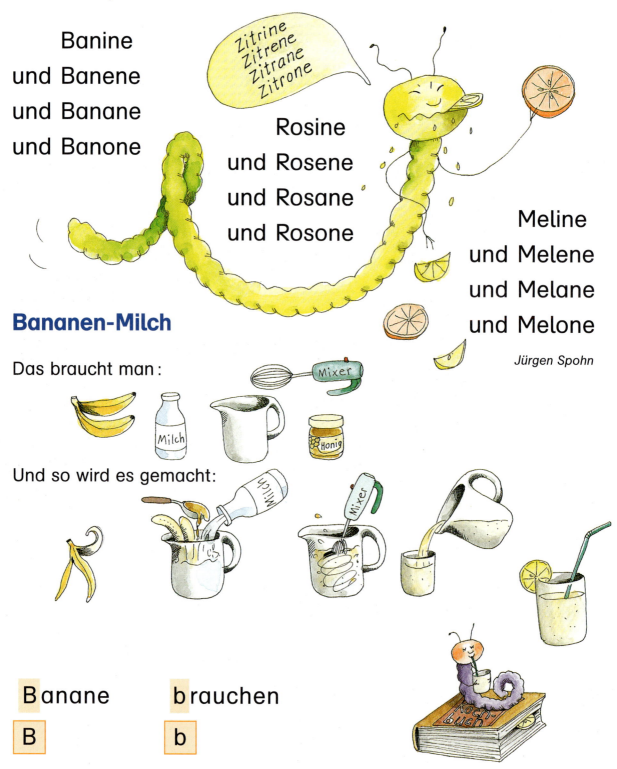

Eis, Reis ... und so weiter

Nino, hole bitte drei Eis.
   Fein, drei Eis!

Und einen Kuchen!
   Drei Eis und einen Kuchen.

Und Reis!
   Drei Eis, einen Kuchen und Reis.

Und Bananen!
   Drei Eis, einen Kuchen, Reis und Bananen.

Und Rosinen!
   Ist das alles, Mami?

Nein!
   Was denn noch?

Ach, ich komme mit!

Ei s   Re i s
Ei   ei

Verbummelt und vergessen

In der Turnhalle war es nicht.
Beim Hausmeister war es auch nicht.

Daheim war es nicht.
Sogar unter dem Bett lag es nicht,
mein rotes Turnhemd.

Wo soll ich noch suchen?
Ich habe es verbummelt.

Abends kommt
der Vater nach Hause,
ohne seinen Hut.
„Vati, wo ist dein Hut?"
„Mein Hut?
Den habe ich vergessen."

 Vati   verbummelt

Verbummelt und
verlacht,
verloren und
verkracht?

Bei meinem Vati

Einmal im Monat
bin ich bei meinem Vati.
Vati ist Musiker, er ist
fast immer unterwegs.
Aber wenn er frei hat,
darf ich ihn besuchen.
Dann nimmt Vati
seine Gitarre und singt
mir etwas vor.

Oft singen wir auch gemeinsam.
Das nennt man Duett, sagt Vati.
Wenn unser Duett besonders gut klingt,
nimmt Vati den Gesang auf ein Tonband auf.

Das Tonband nehme ich
mit nach Hause.
So habe ich Vati
immer bei mir.

Tom haut Timmi

Im Fernsehen haut ein Mann
einen anderen Mann.
Einmal und noch einmal.

Warum macht er das?
Keiner weiß es mehr.

Auf dem Hof und in der Klasse
haut der große Tom
den kleinen Timmi.

Warum macht er das?

Da kommt Ling.
Ling lernt Karate.

Wird Ling nun Tom verhauen?

Aber Ling sagt nur:
„Muss man denn immer gleich hauen?"

gro ß
　　ß

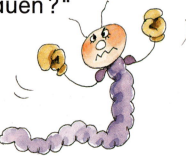

Gute und schlechte Tage

 Schlechte Tage:
Kummer in der Schule.
Krach daheim.
Keiner mag mich.
Schnell ins Bett.

Schlechtes Wetter: Regen, Regen, Regen

 Gute Tage:
Sonnenschein.
Kuscheln mit Mami.
Einer Musik lauschen.
Besuch mit Geschenken.

Schule   scheinen
Sch   sch

Ein besonderer Tag

Ihn gibt es nur einmal
in jedem Jahr:
den Geburtstag.

Es ist der Tag,
an dem man
geboren wurde.

Kati wurde schon
im Januar geboren.
Nina im Juni und
Nino sogar erst im Juli.

Sind alle drei Kinder
noch 6 Jahre alt?

Warum kann nicht
jeden Tag
Geburtstag sein?

Jahr **j**edes
J j

Geburtstagskind,
Geburtstagskind,
tritt in unsern
Kreis geschwind!

In jedem Land anders

England

In England wird man sogar hoch geworfen.

Italien

Dort wird das Geburtstagskind am Ohr genommen. So soll es schneller groß und stark werden.

Island

In Island wird man mit seinem Stuhl hoch gehoben.

China

In China muss man an seinem Geburtstag lange Nudeln essen, damit man lange lebt.

Was steht auf der Torte?

St uhl   st ehen
St   st

59

Aha-Seite

So oder so?

Immer das Gegenteil

Was ist wie?

Aha-Seite

Eselsbrücke

Das kleine hat einen Bauch.

Das große **B** hat Bauch und Brust.

Und das kleine ?

Das hat einen dicken, dicken Po.

Wer bin ich?

Das ist mein Auge.   Das ist mein Ohr.   Das ist mein Bart.   Das ist mein Fell.

Und das ist Salat.

„Frau Maus, wohin gehst du mit dem Salat?"

61

Lesekreis

Die Schildkröte hat Geburtstag

Die Schildkröte hatte Geburtstag.
Als sie im klaren Morgenlicht aufwachte,
dachte sie: Heute habe ich Geburtstag!
Ob ich Geschenke bekomme?
Am liebsten möchte ich einen großen, grünen,
saftigen Salatkopf haben!
Hoffentlich denkt einer daran!

Zuerst kam der Löwe.
„Einen fröhlichen Geburtstag, Schildkröte!", rief er.
„Ich habe dir etwas Schönes mitgebracht!
Ein großes Stück Fleisch!"

Die Schildkröte freute sich,
dass der Löwe an ihren Geburtstag gedacht hatte.
Sie war auch eine höfliche Schildkröte.
„Vielen Dank, lieber Löwe", sagte sie,
„es ist nett von dir zu kommen.
Aber ich esse nicht gern Fleisch.
Ich esse am liebsten grünen Salat.
Iss es selbst auf, und wir plaudern ein bisschen dabei."

„Du weißt wirklich nicht, was gut schmeckt",
sagte der Löwe und verspeiste das Fleisch
mit großem Appetit. Bevor er ging,
erzählte er noch von seinen mutigen Abenteuern.

Elizabeth Shaw
„Die Schildkröte hat Geburtstag"

Lesekreis

Mein Geburtstag

Der bringt mir Fleisch.

Der bringt mir einen Eimer Wasser.

Der bringt mir Fisch.

Das bringt mir ein Schlammbad in der Wanne.

Die kleine bringt mir Salat.

Was mag ich wohl besonders gern?

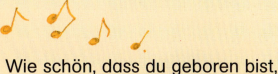

Wie schön, dass du geboren bist,
wir hätten dich sonst sehr vermisst.
Wie schön, dass wir beisammen sind,
wir gratulieren dir Geburtstagskind.

Rolf Zuckowski

Ich wünsch dir so viel Glücke fein,
so viel wie Stern am Himmel sein.
Ich wünsch dir so viel gute Zeit,
so viel wie Sand am Meere breit,
Ich wünsch dir all das Beste,
So viel der Baum hat Äste.

Aus: „Des Knaben Wunderhorn"

Kräht der Hahn früh am Morgen,
krähet laut, krähet weit:
Guten Morgen, Rumpumpel,
dein Geburtstag ist heut!

Paula Dehmel

63

Tiere machen Musik

Ein Stier
am Klavier.

Eine Biene
mit der Violine.

Das Nashorn
kann kein Instrument,
deshalb ist es Dirigent.

Nino denkt nach:

Mit der Trommel
   kann man trommeln.
Mit der Geige
   kann man geigen.

Aber:
Mit dem Klavier
   kann man nicht klavieren,
mit der Violine
   kann man nicht violinen.

Wie ist das mit den anderen
   Instrumenten?

T ie re

ie

Der Bücherwurm tutet laut vom Turm!

Kennst du diese Musikanten?

Es sind vier,
aber sie sind alle
aus einer Geschichte:

ein Esel,
ein Hund,
ein Hahn
und noch ein anderes Tier.
Kennst du es?

Wie heißt die Geschichte?

Einer ist reich
und einer ist arm,
einer erfriert
und einer hat's warm.

Christine Nöstlinger

Gebrüder Grimm
„Die Bremer Stadtmusikanten"

Im Wald

Vier Kinder gehen durch den Wald.
Sie sind leise,
denn sie wollen Tiere beobachten.

Auf dem Boden sehen sie
viele flinke Ameisen.
Die Ameisen tragen
Tannennadeln und Grashalme.
Wohin wollen sie damit?

Unter einem Blatt
ringelt sich eine Raupe.
Paula hat sie als erste gesehen.
Sie ruft: „Aufpassen!"

Paula   Raupe
P   p

Eric Carle
„Die kleine Raupe Nimmersatt"

66

Aus der Raupe wird ein Schmetterling

Das ist eine kleine Raupe.
Sie muss viel fressen.
Eines Tages puppt sie sich ein.

In der Puppe verwandelt sie sich.
Heraus kommt ein Schmetterling.

Der Schmetterling legt kleine Eier
unter ein Blatt.
Aus den Eiern kommen wieder Raupen
und alles beginnt von vorn.

Ein Reifen, eine Kiste, ein Eimer, ein Tisch, ein alter Teppich, eine Waschmaschine. Im Wald?

Mein Zahnarzt-Opa

Mein Schneidezahn war lose.
„Das ist nicht schlimm",
meinte mein Opa.
„Es ist nur ein Milchzahn.
Wir werden ihn ziehen."
Opa holte einen Faden,
band ihn um meinen Zahn
und zog daran.
Raus war der Zahn!

Nun kann ich nicht mehr
so richtig Zoo, Ziege
oder Zahnarzt sagen.
„Bis zur Hochzeit
ist alles wieder gut", sagt Opa.

Zahn   ziehen
Z   z

Der Blumentopf

Eines Tages brachte Papa
einen Blumentopf mit nach Hause.
Am anderen Tag sah die Pflanze
ein wenig welk aus.

Mutti dachte, Pflanzen muss man pflegen,
und gab der Pflanze Wasser.

Nach einer Weile kam Nina vorbei.
Pflanzen muss man pflegen,
dachte sie und goss ebenfalls Wasser
in den Blumentopf.

Auch Oma dachte, Pflanzen muss man pflegen,
und goss die Pflanze wieder.

Am Abend kam Papa nach Hause
und sagte: „Oh, unsere Pflanze ist wohl
eine Wasserpflanze."

Pflanze   pflegen
Pf   pf

Krimi

Ronni hatte sich von Maria ein Buch geliehen.

Als er ihr das Buch wieder gab, fragte Maria:
„Wo hast du mein schönes Lesezeichen gelassen?
Es lag zwischen den Seiten 17 und 18!"

Ronni ärgerte sich über diese Behauptung.
„Maria, du lügst", sagte er.
„Detektiv Findig wird es beweisen."

Detektiv Findig meinte:
„Der Fall war leicht zu lösen!
Ja, Maria, du hast gelogen."

Wie hat Detektiv Findig den Fall gelöst?
Überprüfe es!

ärgern   schön   lügen
ä   ö   ü

70

Wo sind die Löwen?

Im Zirkus sagt der Direktor die Löwen-Nummer an.
Alle im Zelt warten gespannt.
Wo bleiben die Löwen?
Ein Zauberer tritt auf.
Wird er die Löwen herbei zaubern?
Hokus pokus fidibus! Abra kadabra.
Aber er zaubert nur einen Hasen .
Die Kapelle spielt noch ein Lied
und noch ein Lied.
Endlich kommen die Löwen doch.
Was war geschehen?

Der Affe Bimbo hatte den Schlüssel
für den Käfig gestohlen.

Mit einem Spiegel kannst du alles lesen.

Sp iegel   sp ielen
Sp   sp

71

Aha-Seite

Beschwerde

ich, das Haus,
bin eure
Hier Erde.
Ihr alle bedenkt meine Beschwerde:
Wollt schonen!
ihr mehr
auf Wasser
mir und
weiter Luft
gut wohnen, müsst ihr Land

Peter Heitmann

Land: Ameise, Insel, Ente, Regen, Frosch, Erdbeere

Luft: Fliege, Schmetterling, Wolke, Mücke

Wasser: baden, pfeifen, trinken, atmen, waschen, fliegen

Aha-Seite

Schnaddel di daddel

Schnaddel di daddel di duddel di daum
Am Bach auf der Wiese, da steht ein …

Schnaddel di daddel di duddel di donne
Jetzt ist Frühling und warm scheint die …

Schnaddel di daddel di duddel di dast
Blätter und Zweige wachsen am …

Schnaddel di daddel di duddel di dogel
Auf den Baum setzt sich eines Morgens ein …

Schnaddel di daddel di duddel di dest
Im Baumwipfel baut sich der Vogel ein …

Schnaddel di daddel di duddel di deier
Ins Nest legt der Vogel drei kleine …

Schnaddel di daddel di duddel di dabel
Bald schlüpfen die Jungen und öffnen den …

Knister (gekürzt)

Lesekreis

Telefon-Salat

Lesekreis

Nanu?

Bei Florian klingelt das Telefon.
„Hallo, hier ist Florian."

„Wann kommst du endlich?", fragt Peter.
„Ich beeile mich ja schon, bin gleich da.
Bau doch schon unsere Höhle."
Florian will den Hörer auflegen,
da fällt ihm noch etwas ein.
„Du, Peter, ich hab einen Maikäfer
aus Schokolade geschenkt bekommen.
Wart mal, ich hol ihn und zeig ihn dir. –
Guck mal!"

Dagmar Christiansen

Telefonzelle	Telefondienst
Telefonkarte	Telefongebühr
Telefonhörer	Telefonkabel
Telefonbuch	Telefonleitung
Telefonnummer	Telefonnetz
Telefongespräch	Telefonrechnung
Telefonanruf	Telefonverbindung
Telefonanschluss	Telefonzentrale

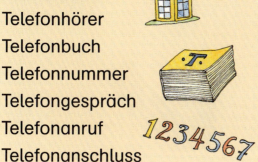
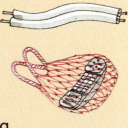

Freunde

Das ist Arne.
Arne ist behindert.
Weißt du, was das ist?

Das kann vieles bedeuten:
nicht richtig zufassen können,
nicht richtig hören können,
nicht richtig sehen können,
nicht richtig laufen können,
nicht richtig lernen können.

Arne lernt viel langsamer
als du und ich.
Aber beim Schaukeln
freut er sich
genau wie du und ich.

Seit heute ist Arne bei uns.
Arne ist mein Freund,
weil er selten zankt
und so schön malen kann.

Fr**eu**nde
eu

Herr Ivo und Herr Tono

Er hat einen Hut,
hat auch Schlips und Schuh
und Jacke an.
Er ist ein feiner Mann,
nicht wahr, der Herr Ivo?

Oder tut er nur so?

Kein feiner Mann ist Herr Ivo.
Er tut nur so.
Er hat einen Prügel
auf dem Rücken versteckt.

Und dieser Mann dort heißt Tono.
Mit seinem roten wilden Schal
und seinem schwarzen Bart
sieht er zum Fürchten aus.
Dreh dich mal um, du, Herr Tono,
du bist doch böse, nicht wahr?

Oder tust du nur so?

Rü ck en
   ck

77

Der Herr Tono,
der tat nur so.
Mit schwarzem Bart
und wildem Schal
hat er eine rote Blume versteckt.
Der freundliche Herr Tono.

Und wenn einer kommt
und wir wissen nicht wer,
dann sagen wir gleich:
Dreh dich mal um.
Zeig dich mal her.
Bist du Ivo
oder bist du Tono?
Oder tust du nur so?

Elisabeth Borchers

Wie aus einem tollen Flitzer eine olle Karre wurde

Auf dem Parkplatz steht ein rotes Auto.
Sein Verdeck ist zurückgeklappt.
„Was für ein toller Flitzer!", staunt Peter.
„Der macht sicher zweihundert Sachen."
„Das ist ein prima Schlitten!", ruft Anne.
„In der Kiste möchte ich mal sitzen!", sagt Tobias.

Da kommt Andrea mit ihrem Vater.
Der Vater setzt sich hinter das Steuer,
gibt Gas und braust davon.
„Na," fragt Andrea, „wie findet ihr
unseren neuen Wagen? Der war sehr teuer."

Weil Andrea immer angibt, will keiner so recht antworten.
„Mit solch einer ollen Karre hat man sicher nur Ärger",
sagt Peter schließlich und schwingt sich auf sein Fahrrad.

si **tz** en
tz

79

Nun wachse mal!

Warum regnet es, Oma?
Damit die Bäume wachsen.

Warum gießt du, Oma?
Damit die Blumen wachsen.

Warum sprengst du, Oma?
Damit der Salat wächst.

Nun wachse mal!

wa chs en   Bäu me
   chs   äu

Können Wale singen?

Verflixt! Immer weiß Julia alles besser.
In der Pause haben wir uns heute darüber gestritten,
ob Wale zu den Fischen gehören.
Julia meinte, Wale wären keine Fische
und sie könnten sogar singen.
Zu Hause habe ich gleich
in meinem neuen Lexikon
nachgelesen:

Der Wal
Wale sind keine Fische.
Sie bringen im Wasser
lebende Junge zur Welt.
Die Jungen saugen
bei ihrer Mutter Milch.
Es sind Säugetiere.
Der **Blauwal** ist
das größte Tier
überhaupt.
Er ist so schwer
wie 30 Elefanten.
Wale rufen sich
unter Wasser.
Die Töne klingen
wie Gesang.

Le x ikon

Aha-Seite

Der Bücherwurm

Der Bücherwurm, der Bücherwurm,
der baut aus Büchern einen Turm.

Der Bücherturm,
der Bücherturm,
der schützt den Wurm
vor manchem Sturm.

Vieles, was der Wurm so denkt,
bekam er aus dem Turm geschenkt:
aus allen seinen Buchgeschichten,
von Riesen, Feen, Bösewichten.

Der Bücherwurm,
der Bücherwurm,
der fühlt sich wohl
im Leseturm …

Peter Heitmann

In Büchern ist mein Lieblingsplatz.
Hier lieg ich tagelang und schmatz
die Seiten alle in mich rein.
Welch Glück ein Bücherwurm zu sein.

Thomas Luthard

Aha-Seite

Kleines Bücher-ABC

83

Lesekreis

Das Märchen vom dicken, fetten Pfannekuchen

Ein dicker, fetter Koch hatte
einen dicken, fetten Pfannekuchen gebacken.
Sieben Kinder standen um ihn herum und bettelten:
„Lieber Koch, gib uns den dicken, fetten Pfannekuchen!"

Das hörte der Pfannekuchen,
sprang aus der Pfanne
und rannte – kantipper, kantapper – in den Wald.
Er rannte und rannte – kantipper, kantapper.

Kam Häschen Langohr.
Rief: „Dicker, fetter Pfannekuchen,
bleib stehen, ich will dich fressen!"
Lachte der dicke, fette Pfannekuchen,
rannte und rannte – kantipper, kantapper.

Kam Wolf Scharfzahn.
Rief: „Dicker, fetter Pfannekuchen,
bleib stehen, ich will dich fressen!"
Lachte der dicke, fette Pfannekuchen,
rannte und rannte – kantipper, kantapper.

Lesekreis

Kam Schwein Ringelschwanz.
Rief: „Dicker, fetter Pfannekuchen,
bleib stehen, ich will dich fressen!"
Lachte der dicke, fette Pfannekuchen,
rannte und rannte – kantipper, kantapper.
Aber Schwein Ringelschwanz rannte hinterher.

Kam der dicke, fette Pfannekuchen
an einen Bach
und konnte nicht hinüber.
Sagte Schwein Ringelschwanz:
„Setz dich auf meinen Rüssel,
ich trag dich hinüber!"

Aber kaum saß der dicke,
fette Pfannekuchen
auf dem Rüssel,
schüttelte Schwein Ringelschwanz
auch schon den Kopf,
schleuderte den dicken,
fetten Pfannekuchen in die Luft,
fing ihn wieder auf und fraß ihn.

Aus war's mit dem dicken, fetten Pfannekuchen
und aus ist unser Märchen.

Quietschen und quatschen

Sie quietschen,
sie quatschen und klatschen
im Wasser.

Sie pitschen
und patschen.

Kinder in der Wanne?
Von wegen!
Im

Die Quelle

Auf die Schnelle
quillt die Quelle
quirlig bis zu jener Stelle,
wo sie nicht mehr quirlen kann.

Qu elle   qu atschen
Qu   qu

Das Ypsilon

Das Ypsilon ist der vorletzte Buchstabe im ABC.
Es hat ein kleines Geheimnis:
Manchmal wird es wie ein ü gesprochen,
manchmal wie ein i
und manchmal auch wie ein j.

Probiere es aus:

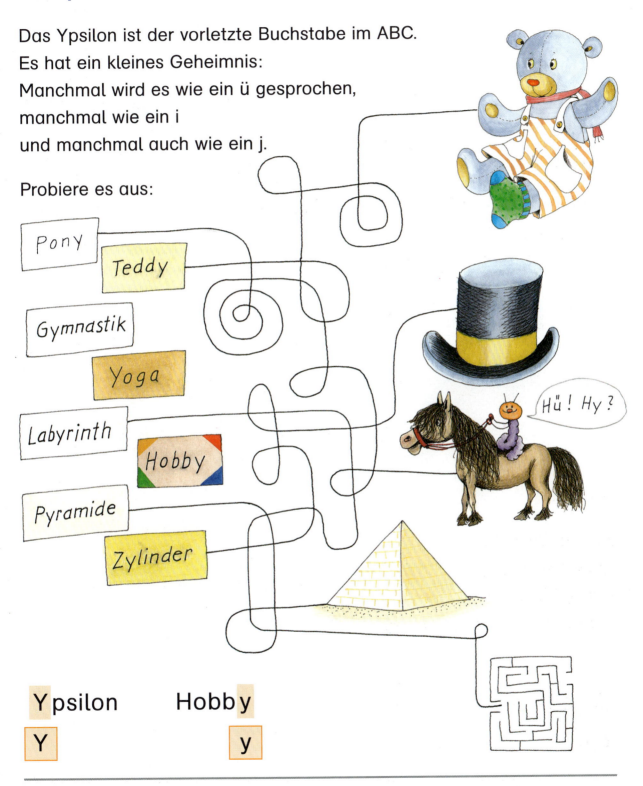

Ypsilon   Hobby
Y   y

Wer kennt mich?

Ich bin eine Maus.

Wie alle Mäuse habe auch ich ein Schwänzchen.
Aber mein Schwänzchen ist ein Kabel.
Es verbindet mich mit dem Computer.

Schiebt man mich auf einer kleinen Matte hin und her,
dann bewegt sich ein Pfeil auf dem Bildschirm.

Kennst du mich?
Ich bin die Computermaus.

Computer
C

Comics

Und wer kennt mich,
die Micky Maus aus dem Comic?

Das ist auch ein Comic:
Calvin und Hobbes

Kommt heute ein Trickfilm im Fernsehen?

Comic

c

Hexen und Gespenster

Pimpernelle Zwiebelhaut

Kennt ihr schon die Hexenbraut
Pimpernelle Zwiebelhaut?

Rückwärts kriecht sie aus dem Bett,
schrubbt sich ab mit Stiefelfett,
kocht sich Seifenblasentee,
futtert Scheuerlappen mit Gelee,
Zittergras und Fliegenkleckse –
ja, das schmeckt der kleinen Hexe!

Doch das ist schon lange her.
Pimpernelle lebt nicht mehr –
hat sich Kichererbsenbrei gemacht
und sich beim Kichern totgelacht.

Hans Adolf Halbey

Fünf Gespenster

Fünf Gespenster
hocken vor dem Fenster.
Das erste schreit: „Haaaaaaa!"
Das zweite heult: „Hooooooo!"
Das dritte brummt: „Huuuuuuu!"
Das vierte lacht: „Hiiiiiii!"
Das fünfte schwebt
zu dir herein und flüstert:
„Woll'n wir Freunde sein?"

Dorothée Kreusch-Jacob

Die kleine Hexe

Morgens früh um sechs
kommt die kleine Hex;
morgens früh um sieben
schabt sie gelbe Rüben;
morgens früh um acht
wird Kaffee gemacht;
morgens früh um neune
geht sie in die Scheune;
morgens früh um zehne
holt sie Holz und Späne;
feuert an um elfe,
kocht sie bis um zwölfe
Fröschebein und Krebs und Fisch.
Hurtig, Kinder, kommt zu Tisch!

Das ist Julia

Julia ist sechs Jahre alt
und geht in die Schule.

Sie hat blaue

und blonde

Sie hat starke

und ganz schnelle

Julia hat große

am größten aber ist ihr

Stefan sagt manchmal:

Gudrun Spitta

Petra

Das macht Petra, wenn sie sich
mit Steffen an-freundet:
Sie lächelt Steffen an.
Sie legt ihren Arm um Steffen.
Sie hält Steffen an der Hand.
Sie macht Steffen den Ranzen zu.
Sie setzt sich ganz nah zu Steffen.

Das macht Petra, wenn sie sich
von Steffen ab-freundet:
Sie dreht Steffen den Rücken zu.
Sie guckt Steffen bös an.
Sie streckt Steffen die Zunge raus.
Sie lacht Steffen aus.

Marianne Kreft

Sofie setzt sich auf ein Marmeladenbrot

Olli und die anderen Jungen
müssen Sofie nachrennen.
Keiner kriegt sie.
Nun ist sie müde.
Sie setzt sich auf die Mauer.
Das tut sie oft.
Da sitzt sie gut.

Jetzt sitzt sie schlecht.
Sie sitzt weich und klebrig.
Sie steht auf und guckt.
Ein Marmeladenbrot! Ihre Hose klebt.

In der Klasse setzt sie sich nicht hin.
Frau Heinrich fragt:
„Warum bleibst du stehen, Sofie?"
Sofie sagt:
„Ich habe Marmelade am Popo."
Alle lachen.
Frau Heinrich putzt die Hose
mit einem nassen Lappen.
Sie sagt:
„Eine nasse Hose ist nicht schlimm.
Aber Brot liegen lassen, das ist schlimm."

Sofie setzt sich hin.

Peter Härtling
„Sofie macht Geschichten"

Jeden Tag

Jeden Tag
sitzen zwei alte Leute
auf einer Bank im Stadtpark.
Mit ihren Stöcken
malen sie Figuren in den Kies
und füttern die Vögel.

Jeden Tag,
wenn wir aus der Schule kommen,
auch bei schlechtem Wetter,
sitzen sie da.
Einmal sind wir stehen geblieben
und durften mit ihnen
die Vögel füttern.

Seit dem Tag
bleiben wir immer
ein paar Minuten stehen
und erzählen den alten Leuten,
was wir
in der Schule gemacht haben.

Jo Pestum

Wie geht's dem Schwein?

Am Montag war das Schweinchen faul.

Es wollte einfach nicht aufstehen.
Bis Mittag blieb es im Bett liegen
und träumte zwei schöne, lange
Schweinchenträume.
Um zwölf Uhr wachte es auf
und aß eine Schüssel
voll Schweinemüsli.
Dann nahm es seine Decke
und ging in den Garten.

Im Garten hatte das Schweinchen
eine Hängematte.
Darin schlummerte es
bis zum Abend.

Am Abend ging das Schweinchen
wieder ins Haus
und schlief im Bett weiter.
So ein faules Schweinchen!

Am Freitag war das Schweinchen abenteuerlustig.

Es wollte etwas Gefährliches erleben, etwas Lebensgefährliches, bei dem man im Bauch das Abenteuer prickeln spürt und einem die Gänsehaut den Rücken rauf und runter läuft. Bergsteigen wäre gut! Oder Fallschirmspringen! Leider waren keine Berge in der Nähe, und einen Fallschirm hatte das Schweinchen auch nicht.

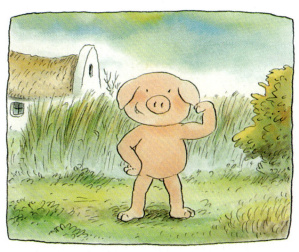

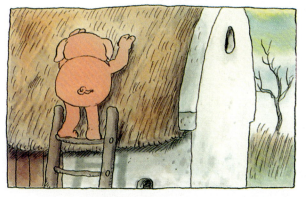

Da stieg das Schweinchen auf das Dach des Schweinchenhauses …

… und sprang auf den Misthaufen!

Erwin Moser

Vom Liebhaben

Schenk mir ein Liebkosewort,
dann fliegen meine Sorgen fort,
die großen und die kleinen,
dann muss ich nicht mehr weinen
und freue mich den ganzen Tag,
dass mich jemand gerne mag.

Monika Ehrhardt

Meine Mama
mag Mäuse.
Mich hat sie so lieb.
Manchmal sagt sie:
„Mein Mäuslein!"
Und ich sage:
„Piep!"

Ute Andresen

Jule klingelt Sturm

Draußen wird es schon dunkel.
Jule setzt sich auf die Stufen vor dem Haus
und bohrt in der Nase.
Jule denkt nach. Eine ganze Weile …

Dann springt sie hoch.
Einer soll nett zu ihr sein.
Jetzt, sofort!

Jule klingelt Sturm.

Papa reißt mit einem Ruck die Haustür auf.
„Jule?", sagt er verdutzt.
„Wieso bist du draußen?"
„Weil drinnen nichts los ist",
sagt Jule und seufzt.

„Und was ist mit dir los?", fragt Papa.
Er forscht in Jules Gesicht.

„Keiner hat mich lieb", sagt Jule
und seufzt noch einmal.

Papa geht in die Hocke.
Nun ist er nicht größer als Jule.
„Keiner?", fragt er. „Kein einziger?"
Seine Augen lachen Jule an.
„Kein einziger auf der Welt", sagt Jule
und beißt ihn ganz schnell in die Nase.

Anne Steinwart
„Mensch, Jule"

Meine Familie

Mama	Papa	Oma	Opa

Liebe Mama!
Ich wünsch dir Glück und Fröhlichkeit,
die Sonne soll dir lachen!
So gut ich kann und allezeit
will ich dir Freude machen.

Denn Muttertage, das ist wahr,
die sind an allen Tagen.
Ich hab dich lieb das ganze Jahr!
Das wollte ich dir sagen.

Ursula Wölfel

An einem Dienstag um halb vier
kam ich auf die Welt zu dir.
Doch in deinem Bauch
gefiel's mir auch!

Angela Sommer-Bodenburg

Papa, der hat so viel Kraft,
das ist wirklich sagenhaft,
denn er trägt zwei Kästen Brause
mühelos allein nach Hause.
Doch küsst er mich zur guten Nacht,
dann tut er's ganz, ganz sacht!

Opa kennt so viel Geschichten
und er kann auch richtig dichten.
Darum muss ich ihn stets quälen,
mir noch etwas zu erzählen.

Oma, die hat Mut!
Fließt bei mir das Blut,
holt sie nur in aller Ruhe
ein Stück Pflaster aus der Truhe.

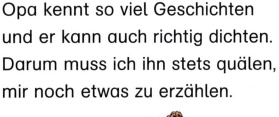

Fährt Papa weg für lange,
dann wird mir oft so bange.
Und ich denk an Jennifer,
die hat keinen Papa mehr.

Ein Zettel hängt
auf unsrem Klo:

Darunter steht der Satz:

Mama, ich lieb dich so.

Papa, du bist mein Schatz.

Angela Sommer-Bodenburg

Rätsel – Witze – Reime

Weiß wie Kreide,
Leicht wie Flaum,
Weich wie Seide,
Feucht wie Schaum.

Der Schnee

Der arme Tropf
hat einen Hut und keinen Kopf.
Und hat dazu
nur einen Fuß und keinen Schuh.

Pilz

Er geht durch die Fensterscheibe
und zerbricht sie nicht?

Der Sonnenstrahl

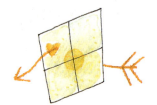

Wie kann man Wasser
in einem Sieb tragen?

Gefroren

„Wie gerne würde ich auch mal
zum Schilaufen gehen",
klagt der Tausendfüßler.
„Aber bis ich meine Bretter
dranhabe,
ist der Winter vorbei."

„Mutti, darf ich heute so lange lesen,
bis ich einschlafe?"
– „Ja, aber keine Minute länger!"

„WIR RECHNEN IN DER SCHULE
SCHON MIT COMPUTER!",
MEINT DER KLEINE SVEN AUS DER 1. KLASSE.
„GIB NICHT SO AN!",
SAGT KAI AUS DER 3. KLASSE.
„DOCH, ZWEI COMPUTER PLUS EIN COMPUTER
SIND DREI COMPUTER."

Zwei kleine Kängurus,
die spielten einmal Haschen.
Bald fingen sie zu zanken an,
da steckten ihre Mütter
sie einfach in die Taschen.

Erni Simmich

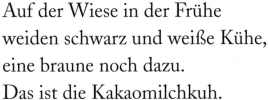

Auf der Wiese in der Frühe
weiden schwarz und weiße Kühe,
eine braune noch dazu.
Das ist die Kakaomilchkuh.

Wolfgang Buschmann

Lirum, larum Zwiebelkuchen,
Lisa muss den Felix suchen.
Eierkuchen, Tintenfleck.
Eins, zwei, drei und
du bist weg.

Heile, heile, Segen!
Drei Tage Regen,
drei Tage Sonnenschein,
dann wird's wieder besser sein.

Ix, ax, ux,
der rote Fuchs,
die graue Maus,
und du bist raus.

Wo tut's weh?
Trink ein Schlückchen Tee,
iss ein' Löffel Haferbrei,
morgen ist es längst vorbei!

Der Fuchs und das Mäuschen

„Mäuschen, Mäuschen,
weshalb hast du
eine schmutzige Nase?"

„Hab gegraben."

„Warum hast du gegraben?"

„Hab mir ein Loch gemacht."

„Warum hast du dir
ein Loch gemacht?"

„Um mich vor dir, Fuchs,
zu verstecken."

„Mäuschen, Mäuschen,
ich werde dir auflauern!"

„Aber ich hab in meinem Loch
ein Schlafzimmerchen."

„Wenn du fressen willst,
kommst du heraus!"

„Aber ich hab in meinem Loch
ein Speisekämmerchen."

„Mäuschen, Mäuschen,
ich werde dein Loch aufwühlen!"

„Und ich husche durch den Ausgang –
und bin auf und davon!"

Witali Bianki

Das Waldhaus (mit Begleitmusik)

Wir liegen im Waldhaus in tiefer Nacht.
Da naht ein Trappeln.
Erwacht! Erwacht!
(Wir trappeln erst leise, dann laut.)

Vorm Fenster stehn die Wölfe
und heulen, alle zwölfe.
(Wolfsgeheul)

Noch zwanzig kommen dazu
und helfen heulen. Hu!
(noch mehr Geheul)

Jetzt sind es zweiunddreißig.
Wir zittern und bibbern fleißig.
(Bibbern und Zähneklappern)

Nun bringen wir denen das Bibbern bei.
Wir brüllen wie die Löwen – eins, zwei, drei!
(Löwengebrüll)

Die Wölfe fliehen in die Ferne.
Weg sind sie. Das haben wir gerne.
(Trappeln, erst laut, dann sich verlierend)

Im Waldhaus ist es wieder still.
Nur der Wind pfeift noch, bald leis, bald schrill.
(Jeder darf pfeifen, bis er nicht mehr kann.)

Josef Guggenmos

Joschi Tintenkatz

Das ist Joschi Tintenkatz!
Joschi ist ein großer Künstler!
So ziemlich der größte Künstler
der Welt! Er ist Maler, Erfinder
und Architekt in einem.

Und in diesem merkwürdigen
Turmhaus wohnt Joschi Tintenkatz.
Hier ist sein Atelier, hier lebt und
arbeitet er.

Ein interessanter Auftrag
war das Haus
für die Familie Maushuber.
Sie wollte eine fliegende Wohnung
haben.
Joschi hat für sie eine Teekanne
mit Luftballons erfunden und
noch einige spezielle Extras
eingebaut.

Familie Maushuber machte
mit der neuen Wohnung gleich
eine lange Luftreise. Die Mäuse
wollten über den Ozean
bis nach Amerika fliegen.

Über dem Meer gerieten sie aber
in einen furchtbaren Sturm.
Die Luftballons zerplatzten,
die Teekanne fiel ins Wasser
und versank sofort.

Zum Glück hatte Joschi
die Teekanne auch
als Unterseeboot ausgerüstet!

So konnten die Mäuse
ohne Probleme unter Wasser
nach Amerika
weiterfahren.

Erwin Moser
„Kleine Katzenwelt"

Wir spielen Theater

Der Traumzauberbaum

Ich bin der Traumzauberbaum.
Mich sieht ein Kind nur im Traum;
wachse im Traumzauberwald,
bin tausend Jahre schon alt,
hab viele Blätter so fein,
ein Blatt gehört dir allein.
In jedem Blatt steckt ein Traum.
Ich bin der Traumzauberbaum.

In unserer Schule spielen wir
die Geschichtenlieder aus dem „Traumzauberbaum"
von Monika Ehrhardt und Reinhard Lakomy

Wir sind die Guten-Morgen-Küsschen ...

Guten Morgen, guten Morgen,
die Nacht ist verronnen.
Guten Morgen, guten Morgen,
der Tag hat begonnen.
Ein munteres Küsschen
kommt zu dir ans Bettchen.
Es kitzelt dein Näschen,
sagt leis dir ins Ohr:
Guten Morgen, guten Morgen ...

Katja ist ein Traumblatt,
das goldene Blatt.
Sie singt:

Abends geht ein Traum
auf die Reise,
fliegt hinauf
zum Himmelszelt.
Wie ein Stern
schwebt er ganz leise,
bis er dir
ins Bettchen fällt.

Liebe Mutter Erde

Ein Himmel,
eine Sonne,
ein Mond,
eine Welt
für alle.

Michael Foremann

Lars (Norwegen)
Aminata (Kenia)
José (Spanien)
Ling (China)
Pepe (Peru)
Antonia (Griechenland)
Tom (England)

Menschen, liebe Menschen,
lasst die Erde stehn.
Schaut, sie ist so wunder-,
wunder-, wunderschön.

Viktoria Ruika-Franz

Ein alter Mann pflanzte kleine Apfelbäume

Ein alter Mann pflanzte kleine Apfelbäume.
Da lachten die Leute und fragten ihn:
„Warum pflanzt du diese Bäume?
Viele Jahre werden vergehen,
bis sie Früchte tragen,
und du selbst wirst von diesen Bäumen
keine Äpfel essen können."
Da antwortete der Alte:
„Ich selbst werde keine ernten.
Aber wenn nach vielen Jahren
andere die Äpfel von diesen Bäumen essen,
werden sie mir dankbar sein."

Leo Tolstoi

Ein ganzes Jahr

Es war eine Mutter,
die hatte vier Kinder,
den Frühling, den Sommer,
den Herbst und den Winter.

Der Frühling bringt Blumen,
der Sommer den Klee,
der Herbst, der bringt Trauben,
der Winter den Schnee.

Herbst

Blätter fallen.
Falle,
falle,
falle,
gelbes Blatt,
rotes Blatt,
bis der Baum
kein Blatt mehr hat,
weggeflogen alle.

Lisa Bender

Erntedank

Die Ernt' ist vorbei!
Juchheißa, juchhei!
Die Ernt' ist vorbei!
Nun wollen wir singen
und tanzen und springen,
Trompeten und Geigen,
sie locken zum Reigen.
Juchheißa, juchhei!
Die Ernt' ist vorbei!

*Heinrich Hoffmann
von Fallersleben*

Das Erntedankfest
wird am ersten Sonntag im Oktober gefeiert.
Die Menschen danken Gott für eine gute Ernte.

Leuchte, du, mein kleiner Stern

Leuchte, du, mein kleiner Stern,
denn alle soll'n dich sehn,
wenn in hoher stiller Nacht
Laternenkinder gehn.

Schau nur mein Laternchen an,
du kleiner Blinkerstern,
wie es auch schön leuchten kann,
ich hab euch beide gern.

Da oben, du, mein Sternchen,
hier unten mein Laternchen.

Mein Laternchen bringt mich heim,
das Licht geht aus im Wind;
leuchte, du, mein kleiner Stern,
dass ich nach Hause find.

Monika Ehrhardt

Der Winter ist da!

A, a, a! Der Winter, der ist da!
Herbst und Sommer sind vergangen,
Winter, der hat angefangen.
A, a, a! Der Winter, der ist da!

E, e, e, nun gibt es Eis und Schnee.
Blumen blühen an Fensterscheiben,
sind sonst nirgends aufzutreiben.
E, e, e, nun gibt es Eis und Schnee.

O, o, o, wie sind wir alle froh,
wenn der Niklaus wird was bringen
und vorm Tannenbaum wir singen.
O, o, o, wie sind wir alle froh!

Schneemann Dicki Hinkebein

Schneemann Dicki Hinkebein,
der liebt keinen Sonnenschein,
der hat lieber Eis und Schnee,
der friert nie an einem Zeh.

Alfred Könner

Weihnachtssprüchlein

Nun leuchten wieder die Weihnachtskerzen
und wecken Freude in allen Herzen.
Ihr lieben Eltern in diesen Tagen,
was sollen wir singen, was sollen wir sagen?
Wir wollen euch wünschen zum heiligen Feste
vom Schönen das Schönste, vom Guten das Beste.
Und wollen euch danken für alle Gaben
und wollen euch immer noch lieber haben.

Die Weihnachtsfrau

Ist der
Weihnachtsmann
eine Frau?

Vielleicht.

Keiner weiß es
genau.

Peter Heitmann

Jakob wartet auf Weihnachten

Die Mutter zündet die erste Kerze
auf dem Adventskranz an.
Jakob schaut in den Kerzenschein.
„Warum muss man so lange
auf das Christkind warten?",
fragt er.
„Vier große Kerzen lang?"

„Auf etwas Schönes muss man
meistens warten", sagt die Mutter.
„Etwas Schönes braucht Zeit
zum Wachsen. Zum Beispiel,
bis ein Kind geboren wird.
Damals haben die Menschen lange Zeit
auf die Geburt des Christkinds gewartet.
‚Wann kommt es denn endlich?',
haben sie gefragt. Auch die Mutter Maria
hat viele Monate lang gewartet,
bis sie das Christkind zur Welt bringen konnte."

„Hast du auf mich auch so lang warten müssen?", fragt Jakob.
„Ja freilich", sagt die Mutter.
„Dafür war ich dann schön und du hast dich gefreut", sagt Jakob.
„Sehr gefreut", sagt die Mutter.
Jakob schaut wieder in den Kerzenschein.
„Miteinander warten ist nicht so arg", sagt er.

Lene Mayer-Skumanz

Das Sternlein

1. Heut ist ein Sternlein vom Himmel gefallen.
   Hat's keiner gesehen? Es leuchtet uns allen.
   Es leuchtet das Sternlein mit helllichtem Schein ins Herz uns hinein.

2. Heut ist der Himmel zur Erde gekommen.
   Hat's keiner gespürt? Hat's keiner vernommen?
   Es leuchtet der Himmel mit helllichtem Schein
   ins Herz uns hinein.

3. Heut ist das Christkind zur Erde gekommen.
   Die Engelein singen: die Weihnacht ist kommen.
   Es leuchtet die Weihnacht mit helllichtem Schein
   ins Herz uns hinein.

Gottfried Wolters

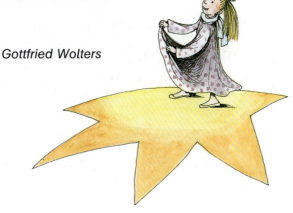

Die Geschichte von der Schlittenfahrt

„Bitte, nimm mich mit", sagt
Häschen. „Der Weg ist so weit."

„Mich auch.
Der Schnee ist so tief."

„Mich auch.
Der Hunger ist so groß."

„Mich auch.
Der Winter ist so kalt."

„Halt! Endstation!
Alles aussteigen!"

„Danke, lieber Schneemann!"

Dreiunddreißig Pfannekuchen

Dreiunddreißig Pfannekuchen,
knusperfrische, braune,
trafen sich beim Faschingsball,
sahen Trubel überall,
Tanz und gute Laune.
Heia, hoppla, Karneval –
heut ist großer Faschingsball!

Dreiunddreißig Pfannekuchen,
braune, knusperfrische,
wollten mal recht lustig sein,
luden viele Kinder ein,
setzten sich zu Tische.
Heia, hoppla, Karneval –
heut ist großer Faschingsball!

Dreiunddreißig Pfannekuchen
saßen froh beim Schmause.
Später auf dem Faschingsball
suchte man sie überall, –
keiner kam nach Hause.
Heia, hoppla, Karneval –
heut ist großer Faschingsball!

Erika Engel (gekürzt)

März

Und aus der Erde schauet nur
alleine noch Schneeglöckchen;
so kalt, so kalt ist noch die Flur,
es friert im weißen Röckchen.

Theodor Storm

Gleich und gleich

Ein Blumenglöckchen
vom Boden hervor
war früh gesprosset
in lieblichem Flor;
da kam ein Bienchen
und naschte fein:
die müssen wohl beide
für einander sein.

Johann Wolfgang von Goethe

Der Storch

Habt ihr noch nicht vernommen?
Am Dache sitzt er schon!
Der Storch ist heimgekommen:
hört doch den frohen Ton!
Klapper, diklapp, klapper, diklapp.
Klapper nur, klapper du
immerzu.

Heinrich Hoffmann von Fallersleben

Häschen hüpf

Häschen hüpf und komm nach Haus.
Die Mutter schaut zum Fenster raus.

Der Vater muss die Zeitung lesen.
„Sag, Häschen, wo bist du gewesen?"

„Ich war bei Onkel Florian,
der Ostereier malen kann.

Dann aß ich Klee auf einer Wiese
und war bei meiner Freundin Liese."

„Ist gut", sagt Vater, „alles klar.
Jetzt wissen wir, wo Häschen war."

Janosch

Woher kommt das Ei?

Woher kommt das Ei?
So fragte Finchen.
Da sagte Tinchen:
Es kommt aus dem Hühnchen.
Da sagte das Stinchen:
Ich wette drei Bonbons:
Das Ei kommt aus Kartons!

Alfred Könner

Friedrich Wolf
„Das Osterhasenfell"

125

Der Löwenzahn

Dem Löwenzahn zum Ruhme
gibt es die Pusteblume.
Die Pusteblume ist sein Kind.
Wenn ihr nicht pustet,
kommt der Wind
und pustet ihre Sterne.
Sie fliegen in die Ferne,
und wo sie landen, seht's euch an,
da wächst ein neuer Löwenzahn.

Heinz Kahlau

Drei Vögelein

Drei Vögelein im Nestchen,
drei Vögelein im Ästchen,
drei Vögelein im Baum,
man sieht sie kaum.

Sie zwitschern so munter,
sie zwitschern so froh,
sie schreien nach Futter,
eia, so, so.

Die Glockenblume

Die Glockenblume
mit ihrem Gebimmel
so schmetterlingsleise –
ist blau wie der Himmel.

Heinz Kahlau

Heinz Kahlau
„Der Rittersporn blüht blau im Korn"

126

Letzter Schultag

Die Sonne lacht draußen.
Drinnen im Klassenraum
ist es sehr warm.
Hans tut die Hand weh.
Lilo kann nicht mehr sitzen.
Juttas Kopf wird immer schwerer.
Arne denkt: Die Sonne hat es gut.
Die hat Ferien.

Ferien, hurra, endlich Ferien!
Auch Frau Fritz freut sich.

Abends sieht Arne lange fern.
Morgens, wenn er aufsteht,
lacht die Sonne ihn aus.
So spät ist es schon.
Am Tage badet Arne.
Er spielt.
Er träumt.
Und eines Tages
träumt er davon,
dass die Schule
wieder beginnt.

Peter Abraham
„ABC, lesen tut nicht weh"

Anlauttabelle

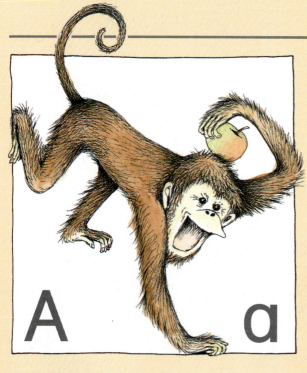 A a
 B b
 C c
 D d
 E e
 F f
 G g
 H h
 I i
 J j
 K k
 L l
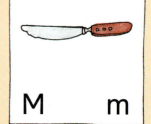 M m
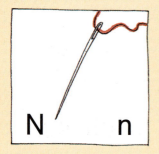 N n
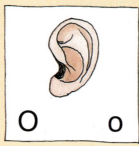 O o
 P p
 Qu qu

Anlauttabelle

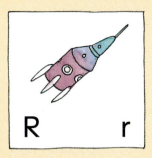   

| R r | S s | T t | U u |

| V v | W w | X x | Y y |

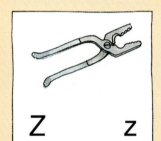 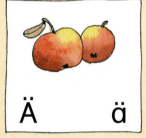  

| Z z | Ä ä | Ö ö | Ü ü |

  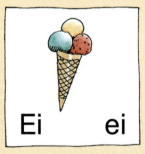 

| Ch ch | Au au | Ei ei | Eu eu |

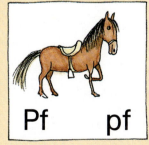   

| Pf pf | St st | Sp sp | Sch sch |

Inhalt

Auf dem Weg zur Schule				4
Nina und Nino als Schulkinder	a	o		6
In der Klasse	N	n	i	8
Zu Hause	M	m		10
Die Schule ist aus	ruft			11
Aha-Seiten				12
Lesekreis – ABC				14
Lesekreis – Deine ABC-Tüte				15
Moni	ist			16
Lola	L	l		17
Oma ruft an	O			18
Tim	T	t		19
Ina ist 7	I			20
Mal Nina, mal Nino	A			22
Aha-Seiten				24
Lesekreis				26
Lesekreis – Wie der Tiger lesen lernte				27
1, 2, 3 – Salto	S	s		28
Simsons Salami				29
Alle malen	E	e		30
Gans Emma	G	g		31
Halt!	H	h		32
	F	f		33
Alle Tage	R	r		34
	U	u		35
Aha-Seiten				36
Lesekreis – Im Garten				38
Lesekreis – Der Dackel Punkt				39
Fiffi und Dora	D	d		40

130

Wohnen	W	w	42
In der Nacht	ch		43
Rund um das Auto	Au	au	44
Unser Fest	K	k	46
Kati fehlt			47
Aha-Seite – Wir sagen „Guten Tag" / Was ist links?			48
Aha-Seite – Mit Bus und Bahn			49
Lesekreis – Angst und Mut			50
Lesekreis – Anna und die Wut			51
Bananen, Rosinen und Melonen	B	b	52
Eis, Reis … und so weiter	Ei	ei	53
Verbummelt und vergessen	V	v	54
Bei meinem Vati	ng		55
Tom haut Timmi	ß		56
Gute und schlechte Tage	Sch	sch	57
Ein besonderer Tag	J	j	58
In jedem Land anders	St	st	59
Aha-Seite – So oder so? / Was ist wie?			60
Aha-Seite – Eselsbrücke / Wer bin ich?			61
Lesekreis – Die Schildkröte hat Geburtstag			62
Lesekreis – Mein Geburtstag			63
Tiere machen Musik	ie		64
Kennst du diese Musikanten?			65
Im Wald	P	p	66
Aus der Raupe wird ein Schmetterling			67
Mein Zahnarzt-Opa	Z	z	68
Der Blumentopf	Pf	pf	69
Krimi	Ä Ö Ü	ä ö ü	70
Wo sind die Löwen?	Sp	sp	71
Aha-Seite – Beschwerde			72
Aha-Seite – Schnaddel di daddel			73

Lesekreis – Telefonsalat			74
Lesekreis – Nanu			75
Freunde	Eu	eu	76
Herr Ivo und Herr Tono	ck		77
Wie aus einem tollen Flitzer …	tz		79
Nun wachse mal!	chs	äu	80
Können Wale singen?	X	x	81
Aha-Seite – Der Bücherwurm			82
Aha-Seite – Kleines Bücher-ABC			83
Lesekreis – Das Märchen vom dicken, fetten Pfannekuchen			84
Quietschen und quatschen / Die Quelle	Qu	qu	86
Das Ypsilon	Y	y	87
Wer kennt mich?	C	c	88
Comics			89
Hexen und Gespenster			90
Pimpernelle Zwiebelhaut			90
Fünf Gespenster			91
Die kleine Hexe			91
Das ist Julia			92
Petra			93
Sofie setzt sich auf ein Marmeladenbrot			94
Jeden Tag			95
Wie geht's dem Schwein?			96
Vom Liebhaben			98
Meine Mama mag Mäuse			98
Jule klingelt Sturm			99
Meine Familie			100
Rätsel – Witze – Reime			102
Der Fuchs und das Mäuschen			104
Das Waldhaus			105

Joschi Tintenkatz	106
Wir spielen Theater	108
Liebe Mutter Erde	110
Ein alter Mann pflanzte kleine Apfelbäume	112
Ein ganzes Jahr	113
Herbst	114
Erntedank	115
Leuchte, du, mein kleiner Stern	116
Albert Ebert: Kinder mit Laterne und Hund	117
Der Winter ist da!	118
Schneemann Dicki Hinkebein	118
Weihnachtssprüchlein	119
Die Weihnachtsfrau	119
Jakob wartet auf Weihnachten	120
Das Sternlein	121
Die Geschichte von der Schlittenfahrt	122
Dreiunddreißig Pfannekuchen	123
März	124
Gleich und gleich	124
Der Storch	124
Häschen hüpf	125
Woher kommt das Ei?	125
Der Löwenzahn	126
Die Glockenblume	126
Drei Vögelein	126
Letzter Schultag	127
Anlauttabelle	128
Inhaltsverzeichnis	130
Verfasser- und Quellenverzeichnis	134

Verfasser- und Quellenverzeichnis

S. 14: Lindemann, Werner: ABC... Aus: Was macht der Frosch im Winter? Der Kinderbuchverlag Berlin 1982.

S. 27: Janosch: Wie der Tiger lesen lernte. Aus: Wie der Tiger lesen lernte. Mosaik Verlag GmbH, München 1994.

S. 38: Kuhnen, Johannes: Wenn sich die Igel küssen. (gekürzt) Aus: Freche Lieder – liebe Lieder. Hrsg.: Jürgen Schöntges. Beltz & Gelberg, Weinheim 1990.

S. 39: Abraham, Peter: Der Dackel Punkt. (Auszug) Aus: Der Dackel Punkt. Arena Verlag, Würzburg 1991.

S. 51: Nöstlinger, Christine: Anna und die Wut. (Auszug) Aus: Anna und die Wut. Jugend und Volk Verlagsgesellschaft mbH, Wien 1990.

S. 52: Spohn, Jürgen: Bananen, Rosinen und Melonen. (gekürzt) Aus: Jürgen Spohn, Silben zum Kauen und Lutschen. In: Überall. Hrsg. H.–J. Gelberg. Beltz Verlag, Weinheim und Basel o. J.

S. 62: Shaw, Elizabeth: Die Schildkröte hat Geburtstag. (Auszug) Aus: Die Schildkröte hat Geburtstag. Der Kinderbuchverlag Berlin 1993.

S. 63: Dehmel, Paula: Kräht der Hahn ... (Auszug) Aus: Rumpumpels Geburtstag. Aus: Paula Dehmel, Poesiealbum 263. Verlag Neues Leben, Berlin 1989.

S. 63: Zuckowski, Rolf: Wie schön, dass du geboren bist ... (gekürzt) Text und Musik by Edition Taunus 1981.

S. 63: Ich wünsch dir ... Aus: Des Knaben Wunderhorn. Gesammelt von Achim von Arnim und Clemens Brentano. Deutscher Taschenbuchverlag, München 1963.

S. 65: Nöstlinger, Christine: Einer ist reich ... Aus: Ein und alles. Beltz Verlag, Weinheim und Basel 1992.

S. 73: Knister: Schnaddel di daddel. (gekürzt) Aus: Von Frühlingsboten und Hasenpfoten. Thienemann Verlag, Stuttgart und Wien 1988.

S. 75: Christiansen, Dagmar: Nanu? Aus: Mein Vater ist aber stärker. Spaß- und Streitgeschichten. Rowohlt Taschenbuchverlag, Reinbek 1973.

S. 77: Borchers, Elisabeth: Herr Ivo und Herr Tono. Aus: Ich weiß etwas, was du nicht weißt. Verlag Heinrich Ellermann, München 1969.

S. 82: Luthard, Thomas: In Büchern ... Aus: Ein Elefant tanzt Ringelreih'n. Hrsg.: Hilga Cwojdrak und Katrin Pieper. Der Kinderbuchverlag Berlin 1985

S. 84: Das Märchen vom dicken, fetten Pfannekuchen. Altberliner Verlag, Berlin 1988.

S. 90: Halbey, Hans Adolf: Pimpernelle Zwiebelhaut. Aus: Pampelmusensalat. Beltz Verlag, Weinheim und Basel o. J.

S. 91: Kreusch-Jakob, Dorothée: Fünf Gespenster. Aus: Ich bin das Händchen Übermut. Verlag Heinrich Ellermann, München 1989.

S. 92: Spitta, Gudrun: Das ist Julia. (gekürzt) Aus: Geschichten über Julia. Ernst Klett Schulbuchverlag GmbH, Stuttgart 1995.

S. 93: Kreft, Marianne: Petra. Aus: Menschengeschichten, 3. Jahrbuch der Kinderliteratur. Hrsg.: H.-J. Gelberg. Beltz Verlag, Weinheim 1975.

S. 94: Härtling, Peter: Sofie setzt sich auf ein Marmeladenbrot. Aus: Sofie macht Geschichten. Beltz Verlag, Weinheim und Basel 1980.

S. 95: Pestum, Jo: Jeden Tag. Aus: Auf der ganzen Welt gibt's Kinder. Arena Verlag, Würzburg 1976.

S. 96: Moser, Erwin: Wie geht's dem Schwein? (Auszug) Aus: Die Geschichten von der Maus, dem Frosch und dem Schwein. Beltz Verlag, Programm Beltz & Gelberg, Weinheim und Basel 1991.

S. 98: Ehrhardt, Monika: Schenk mir ein Liebkosewort ... Aus: Der Traumzauberbaum – Geschichtenlieder von Reinhard Lakomy & Monika Ehrhardt. Edition Peters, Leipzig/Dresden 1985.

S. 98: Andresen, Ute: Meine Mama mag Mäuse. Aus: ABC – und alles auf der Welt. Otto Maier Verlag Ravensburg o. J.

S. 99: Steinwart, Anne: Jule klingelt Sturm. (Auszug) Aus: Mensch, Jule. Benziger Edition im Arena Verlag, München 1994.

S. 100: Wölfel, Ursula: Liebe Mama! Aus: Schwann Fibel. Schwann, Düsseldorf 1966.

S. 100: Sommer-Bodenburg, Angela: An einem Dienstag ... und weitere Verse. Aus: Freu dich nicht zu früh, ich verlaß dich nie! Rowohlt Verlag GmbH, Reinbek bei Hamburg 1987.

S. 102: Witz: Mutti, darf ich ... Aus: ABC-Zeitung Nr.

9/93. Witz: Wir rechnen in der Schule. Aus: ABC-Zeitung Nr. 6/94.

S. 102: Gärtner, Hans: Wie gerne würde ich auch … Aus: Kinderwitze 1, Leselöwen. Loewes Verlag, Bindlach 1986.

S. 103: Buschmann, Wolfgang: Auf der Wiese … Aus: Die Haselmaus ist nicht zu Haus. Der Kinderbuchverlag Berlin 1982.

S. 103: Simmich, Erni: Zwei kleine Kängurus. Aus: In unserem Dorf, da gibt's eine Kuh. VEB Postreiter-Verlag, Halle 1982.

S. 103: Abzählreime: Lirum, Larum … / Ix, ax, ux. Aus: Sitzt ein Zwerg auf dem Berg. Benziger Edition im Arena Verlag, Würzburg 1993.

S. 103: Trostreime. Aus: Sieben Blumensträuße, Reime und Gedichte für den Kindergarten. Hrsg.: Hans-Otto Tiede. Volk und Wissen Verlag, Berlin 1983.

S. 104: Bianki, Witali: Der Fuchs und das Mäuschen. Aus: Tierhäuschen. Verlag Neues Leben, Berlin 1951.

S. 105: Guggenmos, Josef: Das Waldhaus. Aus: Sonne, Mond und Luftballon. Verlag Beltz & Gelberg, Weinhein 1984.

S. 106: Moser, Erwin: Joschi Tintenkatz. Aus: Kleine Katzenwelt. Verlag Beltz & Gelberg, Weinhein und Basel o. J.

S. 108: Ehrhardt, Monika: Der Traumzauberbaum. Küsschenlied. Traumreise. Aus: Der Traumzauberbaum – Geschichtenlieder von Reinhard Lakomy & Monika Ehrhardt. Edition Peters, Leipzig/Dresden 1985.

S. 110: Foremann, Michael: Ein Himmel … Aus: Unsere Welt für alle. Lentz Verlag in der F. A. Herbig Verlagsbuchhandlung GmbH, München 1990.

S. 111: Ruika-Franz, Viktoria: Menschen, liebe Menschen … Aus: Menschen, liebe Menschen, laßt die Erde stehen. Der Kinderbuchverlag Berlin 1969.

S. 112: Tolstoi, Leo: Ein alter Mann … Aus: Die Kinder des Zaren. Bertelsmann Jugendbuchverlag, Gütersloh 1964.

S. 114: Bender, Lisa: Blätter fallen … Aus: Margarete Wagner, Unter dem Regenbogen. Herder Verlag, Freiburg 1981.

S. 116: Ehrhardt, Monika: Leuchte, du, mein kleiner Stern. Aus: Reinhardt Lakomy & Monika Ehrhardt, Der Wasserkristall. Eine grasgrüne Geschichte mit viel Musik. DSB Deutsche Schallplatten GmbH, Berlin 1992.

S. 118: Könner, Alfred: Schneemann Dicki Hinkebein. Aus: Sieben Blumensträuße. Hrsg.: Hans-Otto Tiede. Volk und Wissen Verlag, Berlin 1983.

S. 119: Volksgut: Weihnachtssprüchlein. Aus: Gustav Falke, Wunderweiße Nacht. Erzählungen, Gedichte und Lieder für das Weihnachtsfest. Hrsg.: Rudolf & Rut Brock. Henschel Verlag, Berlin 1977.

S. 120: Mayer-Skumanz, Lene: Jakob wartet auf Weihnachten. Aus: Josef Dirnbeck, Der Engel Blasius. Veritas Verlag, Linz o. J.

S. 121: Wolters, Gottfried: Das Sternlein. Aus: Gudrun Hetzel-Kiefner, Die schönsten Bräuche für Kinder. Ravensburger Buchverlag o. J.

S. 122: Türk, Hanne: Die Geschichte von der Schlittenfahrt. Aus: Huhn und Häschen erzählen sich Geschichten. Ravensburger Buchverlag o. J.

S. 123: Engel, Erika: Dreiunddreißig Pfannekuchen. (gekürzt) Aus: Sieben Blumensträuße. Hrsg.: Hans-Otto Tiede. Volk und Wissen Verlag, Berlin 1983.

S. 124: Storm, Theodor: Im März. Aus: Sämtliche Werke, Band 1. Aufbau Verlag, Berlin 1956.

S. 124: von Goethe, Johann Wolfgang: Gleich und gleich.

S. 125: Janosch: Häschen hüpf. Aus: Häschen hüpf. Atrium Verlag, Zürich 1985. (1990 Cecilie Dressler Verlag, Hamburg)

S. 125: Könner, Alfred: Woher kommt das Ei? Aus: Sieben Blumensträuße. Hrsg.: Hans-Otto Tiede. Volk und Wissen Verlag, Berlin 1989.

S. 126: Kahlau, Heinz: Die Glockenblume, Der Löwenzahn. Aus: Der Rittersporn blüht blau im Korn. Der Kinderbuchverlag Berlin 1972.

S. 127: Abraham, Peter: Letzter Schultag. Aus: ABC, lesen tut nicht weh. Der Kinderbuchverlag Berlin 1991(veränderte Nachauflage).

Abbildungs- und Fotonachweis

S. 27: Illustration von Janosch. Aus: Wie der kleine Tiger lesen lernt. Mosaik Verlag GmbH, München 1994, © Little Tiger Verlag GmbH, Hamburg.

S. 50: Shaw, Elizabeth: Der kleine Angsthase. Kunstarchiv René Graetz & Elizabeth Shaw, © Der Kinderbuch Verlag Berlin.

S. 61: Foto Maus. Foto-Agentur: Reinhard-Tierfoto, Heiligkreuzsteinach-Eiterbach.

S. 61: Foto Salatkopf. Foto-Agentur: Reinhard-Tierfoto, Heiligkreuzsteinach-Eiterbach.

S. 62: Shaw, Elizabeth: Die Schildkröte hat Geburtstag. Kunstarchiv René Graetz & Elizabeth Shaw, © Der Kinderbuch Verlag Berlin.

S. 67: Fotos Raupe zum Schmetterling. Foto-Agentur: Reinhard-Tierfoto, Heiligkreuzsteinach-Eiterbach.

S. 76: Foto Behindertes Kind. R. Hutchings/PR ScienceSour/OKAPIA.

S. 81: Foto Blauwal. NAS R. Ellis/OKAPIA.

S. 89: Calvin und Hobbes, © 1996 UPS/Distr. Bulls, Frankfurt/Main.

S. 92: Das ist Julia. Illustrationen von Amelie Glienke, Berlin.

S. 94/95: Wie geht's dem Schwein? Aus: Erwin Moser, Wie geht's dem Schwein? © 1988 Beltz Verlag, Weinheim und Basel, Programm Beltz & Gelberg, Weinheim.

S. 104/105: Joschi Tintenkatz. Aus: Erwin Moser, Kleine Katzenwelt. © 1995 Beltz Verlag, Weinheim und Basel

S. 108/109: Fotos Wir spielen Theater, Andreas Wegner, formart Berlin.

S. 115: Reproduktion: Der Herbst. Giuseppe Arcimboldo, Archiv für Kunst und Geschichte, Berlin.

S. 117: Albert Ebert. Kinder mit Laterne und Hund. Aus: Gerhard Wolf, Albert Ebert – Wie ein Leben gemalt wird. Union Verlag Berlin 1974.

S. 127: Illustration von Janosch. Aus: Häschen hüpf. Cecilie Dressler Verlag, Hamburg. © Atrium Verlag, Zürich 1985.

BÜCHERWURM
Meine Fibel

Ausgearbeitet von Dorothea Czarnetzki, Peter Heitmann, Hannelore Rothe, Peter Sonnenburg, Martina Weißenburg, Marion Wundke

Die Bilder zeichnete Barbara Schumann

Zum Unterrichtswerk
BÜCHERWURM für Klasse 1 gehören:

Meine Fibel	220010
Mein Arbeitsblock	220011
Anlautbilder und Viererfenster SAS	220056
Anlautbilder und Viererfenster LA	220158
Anlautbilder und Viererfenster VA	220159
Mein Übungsheft DS 1	220012
Mein Übungsheft DS 2	220014
Mein Übungsheft SAS 1	220013
Mein Übungsheft SAS 2	220018
Mein Übungsheft VA 1	220029
Mein Übungsheft VA 2	220032
Mein Übungsheft LA 1	220033
Mein Übungsheft LA 2	220034
Mein Sachbuch 1	220015
Lehrerband Fibel mit Kopiervorlagen	220016
Lehrerband Sachkunde mit Kopiervorlagen	220019

 Gedruckt auf Papier aus chlorfrei gebleichtem Zellstoff, säurefrei. Umschlag mit PP-Folie kaschiert, umweltverträglich und recycelbar.

1. Auflage   A 1 8 7 6   / 2003 2002

Alle Drucke dieser Auflage können im Unterricht nebeneinander benutzt werden, sie sind untereinander unverändert.
Die letzte Zahl bezeichnet das Jahr dieses Druckes.
© Ernst Klett Grundschulverlag GmbH, Leipzig 1997.
Alle Rechte vorbehalten.
Internetadresse: http:// www.klett-verlag.de

Redaktion: Erika Richter
Umschlag: Torsten Lemme unter Verwendung einer Illustration von Barbara Schumann
Layout und grafische Gestaltung: Torsten Lemme
Repro: City-Repro Berlin
Druck: Appl, Wemding
ISBN 3-12-220010-4